THE INSPIRATIONAL WORDS

AF528710

Published By

The inspirational words

Edited by Sanoj Kumar

Published by : Poetry World Org.

Publisher's Address : Haryana

Printed under PWO in India

 Special credits to Tanishi, Kanupriya, Pragya Sankhala, Sheetal Yadav, Dr.Niveditha and Dr.Nitin chopra.

Edition : I (2021)

ISBN (Paperback) - 9789390724017

Book Design by POETRY WORLD

THE INSPIRATIONAL WORDS

Compiler

Sanoj Kumar

COMPILER

सनोज कुमार

ब्लॉग : *safarzindagikask.blogspot.com*

वैसे तो ये एक इंजीनियर है, अपनी उंगलियों को कंप्यूटर के की-बोर्ड पर ज़्यादा चलाते है और इसके साथ-साथ अपने लेखनशैली के लिए भी जाने जाते है। ये ज़्यादातर हिंदी कविता लिखना पसंद करते है। इनका मानना है कि लोगों को कविता पढ़ने में अधिक रुचि मिलती है क्योंकि इसमें कम शब्दों में बहुत कुछ बयां किया जाता है और साथ ही तुक मिल जाए तो पढ़ने वाले को और भी मज़ा आ जाता है।

इनकी हमेशा कोशिश रहती है कि इनकी कविता के माध्यम से आप जीवन के हर पल को अनुभव कर सके।

ये कई ऑनलाईन संस्थाओं से अपने लेखन के लिए सम्मान प्राप्त कर चुके है और कुछ लेखन संस्थाओं से खुद जुड़े हुए भी है। यह कई पुस्तकों में सहलेखक रह चुके है साथ ही इनकी प्रथम पुस्तक "सफ़र ज़िंदगी का" भी लॉन्च हो चुकी है। यह आज कल संकलन और संपादन में भी ध्यान दे रहे है और 7-8 पुस्तक भी इनके नाम से मार्केट में आ चुकी है। इनके बारे में और भी जानकारी प्राप्त करने हेतु आप स्वयं गूगल में 'safarzindagikask' लिख कर प्राप्त कर सकते है।

संपर्क करे :

इंस्टाग्राम : *the_hidden_writer_sk*

मेल : ***thehiddenwritersk@gmail.com***

INDEX

Achyut Murari

WHEN SUCCESS WOULD SAY "I BOW TO THEE"

Enduring the innate limitations,
I shall fight back, with my WILL POWER,
Obscuring these burning scars, blemish and tarnish my past,
Letting my soul get projected to the avenues novel and steadfast,
Reminisced from those corners of a shattered soul,
Speaking hymns, mingled in the mellows of taut foil,
Calling out sweat from pores of disdain and agony..

From the index fingers to rising the heights nit reached,
To the stars too far I shall become a sorrow myself,
Ah! My dear winds, don't just remain stoic,
I shall revert back to these toes,
Bearing the weight of my musings,
Simmered tunnels of forelsket, bestowed over those

frills of my thumping heart,
Carving out my innate stealth,
I shall rise as phoenix from oceanic depths of
patience and strength,
Beating those armors of velour,
Defying the world, for I shall fight back,
My own ransacking society...

With renewed energy reverting back on the part,
Stimulating my innate senses of success,
Hey!! Hey, you!! Yes, you!!
A part of this society,
Whom still index my fingers at me,
Discouraged me to my achievements,
But today I have made you my STAIRS
To heib of my success,
Making you the bridge to my Elysium,
I shall shoot up with the commitments,
To the zenith of life, where success would say
"I bow to thee"

Angarika

BOTTLED LIFE

If the bottle of your life sinks deep in the oceans,
Don't forget you'll still float because the cork is yet present,
You are trapped inside the cage, but a rising sun you'd see,
A rope to climb up the rocks will eventually drop down from the sea.

You need not think of the wrongs or curse the bad,
Life lets you fall down, but there's still a big step,
Take hold of the rope with the strongest enthusiasm,
You'll wake up and rise walking along the chasm.

The twilight will you hope for a rainbow shade of tomorrow,
Gear up to praise the ladder that'll lift you from the furrow,

The bottled life would absorb some amount of your blood,
But believe me it'll be worth it as you'll swim the deepest flood.

Boycott your sorrows and grievances quickly,
Give vent to your optimism to go to the hills,
Hold the leash and reign your life happily,
Once a fall would do no bad to your beautiful living.

There's a golden door open and waiting for you,
To show you shades in multitude of ranges,
Don't stop, find a way, wake up and fight the storms,
You will nourish yourself with the new you, strong!

Anjali Tiwari

Short story

Even after accepting infinite disappointments, after facing the darkest moments of your life when you find pain making home in your heart. When sufferings kept-on beholding the way of yours and you handled everything with intrepidity. Appreciate yourself for all those moments when you choose to hold-on to things rather than giving-up. When you showed that you are brave enough and didn't let your wounds hurt you more. When you and only you kept-on supporting yourself as a forever comrade by allowing your wounds to get heal.

Appreciate yourself for choosing the path of solitude to save your soul. Let yourself deprive of negativity, distance yourself from everything that doesn't fit your path. When you became your own savior although life gifted you so many disappointments on the way! When you filled the voids within, with hopes and dreams instead of killing it with negativity. When journey of this life seemed harsh but your focus on your destination was firm.

When things were going beyond your imagination and your endurance had been tested to utmost; but those hardships didn't let you break your soul. Instead of grabbing something at once you forged steadily onwards. And that mental darkness that no one noticed, you kept-on eliminating that with hope and grace. You were patient enough as you believed on the fact that, things will surely work out one day for sure. You didn't let yourself remain the way circumstances wanted you to be, but you dedicate yourself in finding a whole new path to grow with all your abilities.

In the chaos where everything was melancholy; you embraced every shades of life. Amidst of that terrible ordeal, when you find yourself to be nowhere; you kept-on reminding yourself that it was never too late to restart once again and shine. Your ultimate aim was to give your life a meaning and you were determined toward your goal. It’s not about the calamities that make things look faded; but our perspective towards how we look at things.

The positivity of yours that gave your journey a real meaning and endless efforts that you put on your dreams was what kept-you are going. Appreciate yourself for everything that you valued, because in the end you knew that we have only ourselves. Dear heart, my only comrade thanks for giving me hopes even in my darkest moments.

Anjali Jha

Quote

Sometimes you just need to move alone on an open road with full of positivity and enthusiasm just only to prove yourself because sometimes no one can support when you are about to rise and want to be strong.

Ankit

Purpose of Existence

Every individual has their exceptional motive of existence,
By following the traditional trend, very few can discover it in their whole life,
To realize it, one has to think out of materialistic pleasure.

Annushree

Nobody should define you

Nobody should define you, nobody should've the right to tell you what to do and what not! You should never be scared of judgment; too pretty, too gullible, too friendly, too serious, thin or fat ,ugly or short , rude or intelligent or this or that or whatever! How does it matter who thinks what about you? As long as you are happy with yourself, if you are contented with your actions then nothing else truly matters! People pleasing is never an option, everyone is never going to be happy with you!

Ayesha Imran

You

You feel you are unlucky
No baby, life's a little tricky

You try hard, you put your things at stake
But at the end it doesn't serve you a cake

It's not because you aren't good
But because it's not for your good

You might not understand today
But soon tomorrow, or days after tomorrow

Don't forget it's not always
One thing that matters
Most times it's all things working together
Just like you , your people working together

Take a small step each time ,
Towards a little change,
Some for you
And other for your people.

Work together with your people,
For a better you and a better world.
Bring up a little change in you,
To see a bigger and positive one in the world.

Ayushi Tiwari

KEEP MOVING

Keep moving
When bent you are, to a great move make
But the presence of a high towering mountain
Intercepts your movement and your spirit breaks
Keep moving, You might get to a liberating fountain

Keep moving
When the voice of greatness in your bowel speaks
But the deafening sound of opposition also blasts,
Cast thy focus on thy success' ladder's peak
Keep moving, For thy elation comes at last

Keep moving
When efforts you've put in to the right person be,
But some destabilizing forces insists with you to stay
And thy mind acquires skepticism that hardly sets free
Keep moving for you'd see the beautiful sun rays

Keep moving
When you have striven to the right thing do
But the visibility of thy works is truly masked
By life's challenging challenges that are averse to the truth
Keep moving, for some goods come from the bad

Ayushman Majhi

The Ultimate Motivation For The Life

The number of times you break,
The number of times you regain your strength,
To fight with those situations,
Which brought up your anger and aggression,
Never go according to what people say,
Because people are born to say,
But you are born to do something extremely big,
Never give someone's example to anyone,
Rather be an example for everyone,
Never doubt on yourself for all the rest,
Just prove that you are the best,
Don't get afraid when you are alone,
As you are going to create history,
And that's not done by everyone,
That's only done by the specific ones,
Never fear to anyone,
As you're the strongest among everyone,
Don't run behind anyone,
Just do endless hard work,
Achieve the grand success,
Then the whole world will run behind you.

Jaishree Sahu

MORNING INSPIRATION

Every morning,
At four o'clock
Dawn knocks,
the door of my balcony..

It wakes me up
To welcome the sunshine,
The sun glares with its rays ,
Which looks like the red tinted have...

The chirping sound of sparrows
Motivate me with grace for long,
The birds fly high on sky
Who Sings the rhythmic song...

The morning air
Calms my mind
Soothe my soul
And urges me to smile ...

It is the nature's love
Who give me the message,
That pushes me up
Like an inspirational passage ...

Jayashree Sahoo

Only my Mumma is my inspiration

She is always the best.
She knows what I want
She knows what's right and what's wrong for me,
She knows what's perfect, what's imperfect for me,
So she is the one who guides me the most,
She teaches me many things like how to live ,
She teaches me everything, how to struggle for getting something,
She always encourages me for doing the best,
She gives me positive hope for winning something,
She says "if your friend topped after reading the same book and sitting on the same bench in school, why can't you?
If you work hard ,then you will get success for sure,
If you have patience then you will discover something new,
So in all my Mumma is my inspiration and my idol.
Without her my life is entityless.

Jeevitha.S

Unflinching belief upon life

Although she walked through her darkest days,
She always had a glimmer in her eyes .
She believed in something which was unseen and
unheard,
That one thing was her hope on the whole;
She edified something new in all that she went
through,
She became aesthetic on the whole,
Miracle does happen at the end ;
When she rejuvenated her soul through her hope.
There exists the glide of positive vibes,
She summoned more wisdom and insight.
All her dejections flew away;
And her eyes once again shimmered with jubilance.
Accepting struggles and proceeding furthermore,
Her puzzles were solved through her beliefs upon
life.

Jyothsna Sontyana

Go on and Grow on.

Sweet heart!
You aren't meant
either to be compared
or weighed up.

Remember,
You might be tackling
with another page
or completely
a different book.

Just let yourself to hand
to fix the torn and go on.
That's how you'll grow on.
Go on and Grow on.

Jyoti Jamlingappnavar

Two sides of life

You try to put me down like a sunset,
I'll arise again like a sunrise,
You throw me into the dirt,
I'll blossom like a Lotus.
You push me to the darkest side,
I'll glow like the moon,
You cut my wings, not allowing me to fly,
I'll walk like a turtle and win the life race.
Do you think I am too sensitive to do this?
How did you forget that
even rose have soft petals
but they have thorns too,
I have petals of love
but at same time
I have thorns in my mind,
which strengthens me day by day.

Krishna Motwani

Move ahead

She was little bit confused,
But she never refused.

Her life was too tough,
Her life? That person whom she loved but he did bluff.

She was in tough situation,
She controlled all, like her heart was a creation.

She forgot all his bad days now,
Now her smile comes with a new glow.

She forgot all the things that happened in past,
She thought that days spend with him were last.

Now she inspires heart,
To go apart.

She knows that she will go ahead,
She tied her heart with a thread.

She will do with happiness,
And thereby gaining patience!

Mital Thanki

Don't Be Distracted

As you will try, they will be there to Demoralize you,
As you will fail, they will be there to Criticize you,
As you will learn, they will be there to Analyze you,
As you will fly, they will be there to Drop you.

Prachi Gupta

USE IT

Life does not give so many chances to prove your strength but when it gives you a chance then just use it don't let it go. "May be, it is your time to shine."

Pragyan Panda

POINTS TO BE THOUGHT

Ever imagined how calm the nature could be!!
Just by looking at the dancing sea;
From the twinkling stars_
Like an heal to scars!

Ever imagined how deceptive;
Life could be mold:
Starving for gold;
Ending up with silvery old.

Ever studied the journey of happiness;
With no fear or stress;
Beyond every success:
To the ultimate persistence!

Pratham Mittal

You Will Never See Me Fall

You will never see me fall
You may see my struggle,
but you will not see me fall.
Regardless if I'm weak or not,
I'm getting to stand tall.
Everyone says life is straightforward,
but truly living it's not.
Times get hard,
people struggle
and constantly get placed on the spot.
I'm getting to wear the most important smile,
even though I would like to cry.
I'm getting to fight to measure,
even though I'm destined to die.
And albeit it's hard
and I may wade through it all,
you may see me struggle...
but you'll NEVER see me fall.

Prittam Bhattacharyya

Flow Like The Mountain River

Sun rises, days pass,
Season change, life also does,
Life gets harsh and freezing cold,
But no matter what it must go on.

When we were young,
We only wanted to grow up and strong,
But as adulthood comes slowly,
Feels like the childhood days were lovely.

As the mountain river flows through the rocks,
Never stopping instead of getting so many knocks,
Life will go on as time waits for no one,
So we must gain our strength and keep fighting until we have won.

High waves, strong flow, you might think you are all alone,

But trust me there are many like you, whom you've not known,
We all can rewrite our stars if we think it's in our fate,
Because most of us are not born with food on a silver plate.

Life is full of ups and down and rugged trail,
And you might think that progress is like a snail,
But all those hard hours will be of worth,
As you will get success on the brown soil of the earth.

Rashmika

The deep cry

You are an ocean deep,
Carrying criticisms, failure,
rejection in waves of sentiments,
And these looks insignificant in front,
of vastness of ocean's kindness,
Which bear several pollutants but,
nothing can fill its depth.

Sahaj Sabharwal

BELIEVE IN YOURSELF

All of us are stars,
all of us are luminous,
all of us are creativity of god,
but we think that we don't shine as bright,
our brightness is noticed by all around us,
some of the observers,
are like mirror,
shows us our reality and capabilities,
and encourages and motivates us,
while others are jealous , watches us , enjoys our light,
and just ignores to feedback/appreciate.

Shubham Lakhangave

Medicos and Music

"If it was easy, everyone would do it". I've heard people saying this sentence. When it comes to describe medical profession. I, being a medical student agree to it to a great extent, and maybe it's made hard on purpose, because at the end of the day you're required to deal with people's lives. There comes a day when you're the only thing standing b/w the patient and grave. Eventually, you get used to taking this pressure, but every pressurized system needs a relief value or else it tends to blast. So, I would like to tell you, being medico, what kept me and many others medico same, what gave our overworked minds a little pause in between mugging up theories. It was music most times you won't realize how these small things end up helping you to such a great extent. Dear, Music you change my mood! Thank you for always being there for all the doers, go getter out there Thank you for being our calm in the chaos.

Sonali Sharma

When you feel defeated

At point of life, there comes a time,
You feel dejected and lose your smile.
You search for a place to be alone,
You take a walk besides the shore.

You start hating yourself,
You start hating everyone who's there for help.
It is okay to face such situations in life,
After all they build up courage to make us try!

It is definitely okay to cry hard or sob ,
When you know to be alone, no one can tend to
stop.
You can get defeated in life to the worst extent,
But when you hit to the lowest point, your inner
voice forces you to break the crust.

Suad Rauf Shaikh

Dream

The habit of not settling for anything less,
Your struggles will answer every quest,
You have to be a fearless dreamer,
By being a passionate believer.

Not broken by hardships and embraced by
consequence,
Passion is the key in creating and leading excellence,
You have to express yourself through art
By painting the empty canvas of your life chart.

The history itself says millionaires are never topper,
Be aware you have to be among the showstopper,
You have to explore the depths of the ocean called
dream,
Enlighten with pearls of wisdom and talent called
scheme.

To turn the challenges into learning,
Tears into smiles and dreams into yearning,
You have to use imagination by creating possibility,
By showcasing your genius ideas and ambitious ability.

Oh Dreamer!! Don't you know it's dangerous to fly?
Those who are afraid will try to pull you down from the sky,
You have to dream of success but not like those who just dream for it,
But like those who wake-up daily, make plans and work hard for it.

Suchint Sahoo

The Story of a Wave

Waves of oceans haven't taken the birth there. The river transported them to ocean. So, this is the story of a little wave.

One day there is this little wave and it is bobbing along the ocean, having a great time. The wave is enjoying the fast walk-through the air, the wind, and the sea. He thinks to himself, "Wow, this will go on forever". He rides all over the ocean without stopping. One day he saw something different that he never saw before. He saw something looking like a shore. He saw the coastline. And he saw that the waves in front of him were crashing against the shore brutally. He saw it and said it's terrible. He thought to himself, "What was going to happen to me?". He tried to go back but he couldn't. He moved forward with unstoppable speed. There was a bigger wave next to him. He asked the bigger wave, "Are you scared that all of us would disappear?". The bigger wave consoled the little wave and told him that they are not just a wave they are a part of ocean and they will never disappear from the ocean. Hearing this the little wave understood that he was in the ocean and the ocean is in him.. Like the wave is the part of ocean In the same way we all are also the part of humanity. We are all one. So, don't worry in difficult moments, rather face the problem like our little wave.

Surekha Wankhede

Success

You must look back
For you should know
That you have walked
All through it,
And you are also powerful enough
To walk through the rest
And success will be in your hands.

Swayamdeepta Das

Never Quit

When obstacles come your way and you feel disheartened
Remember how hard you worked to reach where you are
Don't let those efforts go in vain
Face every difficulty and strive hard to achieve your objective.

Syyeda fatima meersaheb

Future is much brighter than you think

Do whatever you want,
But think only about present.
Whatever you can do right now,
Right here.

You have the time now,
The time to prove yourself.

Always remember,
To focus on your study, your goals.

Anything in the world can leave you,
Except your knowledge,
Your courage to do something for the better world.

Alok Santosh Rathaur

हौसलें

इस ज़िन्दगी में रोज जितने ज़ख्म लगते हैं,

उतने ही ज्यादा हौसलें की होते हैं।

Amit Gupta

चल जीत की कहानी लिखते हैं

हालात बुरे हैं मगर हौसलें अभी हारे नहीं
कुछ पाने की ज़िद्द हैं तो नामुमकिन कुछ नहीं
गिरे हैं सम्भलेंगे भी, मंज़िल दूर हैं मगर धुंधली नहीं
वक़्त बुरा हैं मगर किस्मत नहीं, गिरे हैं पर हारे नहीं

चल नदी की धारा बनते हैं
पत्थरों से टकरा कर अपना रास्ता खुद बनते हैं
कभी वक़्त के साथ ख़ुद को बदलेंगे
तो कभी वक़्त को अपनी पहचान बनाएगें

रास्ते चाहे जैसे भी हो चल मंज़िल को अपनी ज़िद्द दिखाते हैं
साथ अपने कोई नहीं चल अपनी पहचान खुद बनाते हैं
आँसू हौसले कमजोर कर देंगे
चल दर्द को छिपा कर फिर से मुस्कुराते हैं

कौन क्या कहता हैं इन बातों को पीछे छोड़ते हैं
बीते पल की गलतियों से कुछ सिखते हैं
ये वक़्त ही हमारा इतिहास बताएगा
वक़्त बदलना हैं तो चल वक़्त से लड़ते हैं

इतने बार गिरे हैं चल हिम्मत को फिर से समेटते हैं
अभी मंज़िल पाने की चाह भी बाकी हैं
अपनी ज़िद्द की आग को अपने हौसलों को हवा देते हैं
हारी बाज़ी को पलट कर चल जीत की कहानी लिखते हैं

Ankita Virendra Shrivastava

योग्यता

मृगतृष्णा के चरण रज को स्पर्श कर सरल बनने का

प्रयास करें

अपनाएँ जीवन में और सरलता का अभ्यास करें।।

उदार व्यक्तित्व के धनी बने और साहसपूर्ण व्यवहार करें

उत्तेजित न हों कभी किसी पर सभी पर सदा उपकार करें।।

नवीन नूतन कार्य करें और चेष्टा करें हर्ष की

यादें संजोएं मन में और तृष्णा करें आने वाले वर्ष की।।

मंगल गाथा गाए मिलकर मधुर वाणी से संवाद करें

सद्मार्ग के साक्षी बन अवसरों की बात करें ।।

ज्ञान का संचार हो जीवन में ऐसा कोई प्रयास करें

उन्नति पथ पर आगे बढ़ अपने मन पर विश्वास करें।।

Ankuor Srivastava

ईश्वर की पुकार....

हौसलों को मजबूत कर तू,

इस राह पर चलते जाना है।

कठिनाइयों से अच्छा चरित्र अपना बनाएगा तू,

बस यूँ ही मुस्कुराते रहना है।

इंसानियत की मिसाल बनेगा तू,

बस एक भूखे को भूखा सोने से बचाना हैं।

सही गलत का पाठ पढ़ाएगा तू,

बस एक गरीब बच्ची का सपना पूरा करना है।

असली मर्दानगी बताएगा तू,

बस एक लड़की की आबरू को बचाना हैं।

औरत को हक दिलाना हैं।

सफलता का स्वाद चखेगा तू,

बस निरंतर परिश्रम करना है।

देश की आवाज़ बनेगा तू,

बस एक कलम और स्याही उठाने की देरी है।

सच्चा इंसान होगा तू,

बस हर काम साफ दिल से करना है।

प्यार का मतलब बताएगा तू,

बस बेजुबान जीव की आवाज़ बनना है,

उनकी रक्षा करके देख, अच्छा लगता है।

Anoothi Agrawal

लिखने की कला

मुझमें नहीं थी इतनी भी हिम्मत,

कि मंच पर खड़े होकर एक शब्द भी बोल सकूँ।

लिखने की कला ने मुझे मेरे भावों को

प्रकट करना सिखाया है।

एक नहीं एक लाख लोगों के सामने बोलना

सिखाया है।

अपने ज़ज़्बातों को दूसरों के दिलों से जोड़ना

सिखाया है।

लिखने की कला ने मुझे जीना सिखाया है।

इसने मेरा शब-ए-गम में साथ निभाया है।

मानो एक माँ की तरह अपनी गोदी में सुलाया है।

मुझमें नहीं थी इतनी भी हिम्मत,

कि मंच पर खड़े होकर एक शब्द भी बोल सकूँ।

Anshika

मैं हार नहीं मानूँगी

ज़िन्दगी में बेशक आएँगी बहुत मुसीबतें...
पर मैं कभी हार नहीं मानूँगी,,
आएँगे कुछ बुरे दिन भी मगर...
मैं हार नहीं मानूँगी,,
मेरे आँसू भले मुझे खुद ही पोछने पड़े...
लेकिन मैं हार नहीं मानूँगी,,
भले हर कोई मुझे नौकरी का ताना मारे...
लेकिन मैं हार नहीं मानूँगी,,
भले मेरे सवालों के जवाब मुझे ना मिले...
पर मैं हार नहीं मानूँगी,,
भले कुछ समझने में मुझे समय लगे...
पर मैं कभी हार नहीं मानूँगी,,
और मानते होंगे हार वो लोग..
जो कायर होते है...
और मैं कायर हरगिज़ नहीं हूँ..
इसलिए मैं हार कभी नहीं मानूँगी ।।
मैं हार कभी नहीं मानूँगी ।।

Ashima Jain

क्यूँ

क्यूँ मैं हमेशा से हारता हूँ,

क्यूँ मेरी किस्मत खराब है,

क्यूँ मैं हमेशा डरता हूँ,

क्यूँ मैं नहीं जी सकता हूँ

क्यूँ मैं सबकी बराबरी नहीं कर सकता,

क्या मुझमें कोई कमी है

क्यूँ मैं नहीं जी सकता हूँ,

आखिर मैं अपनी किस्मत पर रोता हूँ

कब तक यूँ ही हारूँगा,

अब तो पहल करना ही पड़ेगा ,

कब तक यूँ ही समय का इंतजार करूँगा,

अब तो आगे बढना ही पड़ेगा

क्या खूब कहा है किसी ने

चलता रहूँगा पथ पर

चलने में माहिर बन जाऊँगा

या तो मंजिल मिल जायेगी

या अच्छा मुसाफ़िर बन जाऊँगा

अक्सर लोग समय-समय करते रह जाते हैं,

मगर अभी उनका समय नहीं आया

क्योंकि समय तो ख़ुद इंतजार में है

सामने वाला कब मेरा हमसफ़र बन जाएगा

दोस्तो समय आता नहीं लाया जाता है

हमसफ़र बनता नहीं बनाया जाता है

किसी की न सोचो करो अपने दिल की,

मेहनत कर हौसलों को रफ्तार दे तेज धार-सी

समंदर भी झुक जाएगा सोच रख आसमान की

हौसला भर ले इतना कि डर जाए तुमसे कायनात भी

Durlabh Sibashis Nayak

मेरे नज़रिए से रोशनी

उम्मीदों को समेटे हुए दीप्ति चारों ओर बिखरते

उगते उपज कृषक को उस क़दर राहत दिलाते

आत्मविश्वास अपेक्षाकृत को कुछ चमक ही बनाता अधिक

कुम्हलाते पुष्प को अल्प प्रभा दोबारा खिलाते

राह पर छाई अँधेरी है, स्रोत रौशनी को बना दिया

कल तक था मैं भयभीत, निडर बनकर आज, सपनों को फिर सजा दिया

भुलाकर अतीत को, वर्तमान चमका रहा हूँ

कपूत, नालायक, बेशर्म कहने वाले, प्रमुख मिसाल मुझे बना दिया

बदली ज़िन्दगी मेरी हर पल, हर पल अब बन गया ख़ास

अदृश्य, आनंदित करने वाली चाहत, यह केवल है सुकून भरा एहसास

रौशनी महत्त्वपूर्ण है ज़िन्दगी में, महत्त्वपूर्ण है हमारा अँधकार से

जीतना

अब तक आपत्तियाँ खत्म न हुई, शिकस्त करूँ हर समस्याओं को

यहीं मेरा अंतिम प्रयास

एक चमक, एक बदलाव ज़िन्दगी को आनंदित बना देता है।।

Kalamkaar

सकारात्मक रहें

आए कितनी भी मुश्किल राहों मे l

ना डरे ना अपना उत्साह खोए l

जो करना हैं सफल होने मे l

अपने लक्ष्य तक पहुँचने के लिए प्रयास करें l

ना हो हताश अपने अंदर ऊर्जा को करें उत्पन्न l

ना हो असफल और कार्य सारे हो संपन्न l

रखे अपने अंदर हौसला, करते जाए कार्य l

रखे भरोसा अपने अंदर, होगा तुम्हारा जो लिया ख़ुद के

लिए फैसला l

मिलेगी सफलता एक ना एक दिन तुमको l

और होंगे सारे काम पूरे जो छोड़े अधूरे l

किया नहीं भरोसा जिसने और किया तुम्हारे हौसले को नीचे l

बनो इतने सफल जो लोग तुम्हारी तरफ आ जाए खींचे l

उठाना ना कदम वो जिससे तुम्हें हो नुकसानl

करना कड़ी मेहनत क्योकि होता नहीं सफलता पाने का रास्ता

आसान l

आ जाए कितने उतार चढ़ाव मत करना अपने पे सवाल l

क्योकि हो तुम सबसे बढ़िया और हो तुम बा-कमाल l

हालातो से हारकर मत सोचना नकारात्मक

करना भरोसा खुद पर और अपनी काबिलियत पर रहना हमेशा

सकारात्मक l

Kritika Sharma

मैं

मुसीबतों में उलझी हुई ज़िन्दगी ,

तन्हाई से भरी हुई ज़िन्दगी ,

कुछ अच्छे की तलाश में,

बीतती जा रही ये ज़िन्दगी,

उम्मीद आशाएँ सब खत्म हो रही हैं,

हर दिन हर पल की कोशिश भस्म हो रही है,

पर मैं रूकूगी नहीं,

ना हिम्मत हारूँगी,

चलती रहूँगी मेहनत करती रहूँगी,

जब तक हर ख़्वाहिश पूरी ना कर लूँ,

हिम्मत और इरादा ही मेरे हथियार हैं,

निराशा में ही मेरी हार है,

जीतना है मुझे हर जंग को,

भरना है ज़िन्दगी में भूकम्प कभी हर उमंग को...

Liza Patel

विश्वास : एक अद्भुत दर्पण

जीवन के उन लम्हों में

जब हम पर दुख के बादल बरस रहे थे,

वो तुम ही थे जिसने हमको अंगार बनाया

पल-पल के उम्मीदों से बढ़कर जब हमने समुद्र का किनारा पकड़ा,

लहरे तो मानो हमें समा ले जा रही थी,

वो तुम ही थे जिसने हमको गोताखोर बनाया

हर जगह जब अँधेरे का बसेरा था,

मानो हम तो कही खो से गये थे उस सुनसान गलियारे में,

वो तुम ही थे जिसने हमको रोशनदान से आती हुई उन सूरज की

किरणों की तरह चमकीला बनाया

बेजान थी सारी बातें उनकी,

पर फिर भी हम आस लगाए थे,

वो तुम ही थे जिसने बेसहारा होकर भी हमारा जीवन बेहतरीन बना दिया

वो हमारे सोच से ज्यादा उत्तम

वो हमारे दुख के पलों के रहनुमा

वो हमारे लहरों के साथी

वो हमारे जीवन के रखवाले

ऐ ख़ुदा तेरी क्या दया है मुझ पर

विश्वास की ढाल पहनाकर

मानो तुम ने ही मुझे एक योद्धा बना दिया।

Nidhi Vijay Vinaya Mohite

Quote

कुछ ना कुछ हमारे जीवन में होता है

जिस वजह से हम पूरे टूट जाते है

पर इसका मतलब ये नहीं होता की

वहीं हमारा जीवन खत्म हो गया है

इसका मतलब ये भी हो सकता है की

अभी टूट गये है तो आगे कुछ अच्छा लिखा है|

Priya Kumari

जीत का जश्न

ये सफर थोड़ा लम्बा हैं मगर मंज़िल मिल ही जाएगी,
रास्ते में पत्थर बहुत हैं मगर मेहनत से क़िस्मत बदल ही जाएगी,
अभी तो गिरना और सम्भलना बाकी हैं..,
कदम थोड़े लड़खड़ाएँगे
मगर खुद को संभालना बाकी हैं,
हिम्मत रख मेरे दोस्त अभी तो आसमान छूना बाकी हैं।।

कदमों पर तो अभी खड़े हुए हैं मीलों दूर चलना बाकी हैं,
अपने सपनों को हकीकत में बदलना बाकी हैं,
इस ज़िन्दगी की किताब में बहुत पन्नों का जुड़ना बाकी हैं,
परेशानियों को अपना हौसला दिखाना बाकी है ,
सब्र कर मेरे दोस्त बहुत किस्सों को मशहूर होना बाकी हैं।।

यूँ हँसना ,रोना ,गिरना, सम्भलना रोज़ की बात है ,
अभी तो ज़िन्दगी को खुल कर जीना बाकी हैं,

सब्र कर मेरे दोस्त ज़िन्दगी से बहुत कुछ सीखना बाकी हैं..,

सुनसान राहों पर अकेले चलना बाकी हैं ,

फरेबियों के बीच अपनो को ढूँढ़ना बाकी है

मुश्किल हालातों से लड़ना बाकी हैं,

कुछ तकलीफों को दफनाना बाकी हैं,

कुछ खुशियों को अपनाना बाकी हैं,

हारे हुए पल से बहुत कुछ सीखना बाकी है

सब्र कर मेरे दोस्त अभी तो जीत का जश्न मनाना बाकी हैं।।

:- प्रिया कुमारी

Rachna Sharma

परिवर्तन

३० की उम्र हो गई थी। समय तो बहुत अच्छा बीत रहा था। बस शादी में ही अड़चनें आ रही थी। जैसे हर लड़की को, अपने सपनों का राजकुमार चाहिए होता है, उसी तरह लड़के भी परी जैसी लड़की मिल जाए, ऐसा ही सपना संजो कर रखते हैं। मैं एक कॉरपोरेट कंपनी में एचआर के पद पर कार्यरत थी। आय के साधन अच्छे थे, इसलिए किसी भी तरह की चिंता नहीं थी जो चाहे पहनो, जो चाहे खाओ, खरीदो एक छोटा भाई, बहन थे। उनकी जो भी इच्छा होती, पूरी करने के लिए मैं थी ना..। ऐसा नहीं कि माता-पिता कुछ नहीं कर सकते थे, परंतु बड़ी बहन होने के नाते मदद करना अच्छा लगता था। भाई को कंप्यूटर इंजीनियरिंग का कोर्स करवाना था, क्योंकि उसे प्रोग्रामिंग में कुछ नया कर दिखाना था। बहन की भी कई ख्वाहिशें थी। वह भी माँ-पापा से ना कहकर मेरे ही पास आती थी ।ऐसा कोई काम या पल नहीं था, जो खुशी से ना गुजर रहा हो। बस सबको चिंता थी, तो मेरी शादी की। अड़चन का कारण भी मुझे ही समझा जाता था। हाँ ! मेरी त्वचा का रंग काला था और थोड़ा वजन भी ज्यादा था, क्योंकि नौकरी ही ऐसी थी कि सारा काम बैठकर करना पड़ता था और यही वजन बढ़ने का कारण था। वजन को सुधारा भी जा सकता था, पर त्वचा का रंग...?? ये रंग तो भगवान की देन था और चूक कहीं ना कहीं भगवान की तरफ से थी, जिसका कोई इलाज नहीं था। नौकरी का सुनकर बहुत रिश्ते आते परंतु.. फिर.. कारण_ एक ही था, पर मैं कर भी क्या सकती थी?

और हर 'न' के बाद हम सब मन मार कर रह जाते। माँ-बाबा भी मुझे कुछ नहीं कहते..। कहते भी क्या? माँ सदैव हौसला देती कि आज नहीं तो कल हो ही जाएगा। थोड़ी चिंता होती..। पर एक दिन पिताजी ने हौसला देते हुए कहा, *बेटा** *शादी जीवन के लिए* *जरूरी* *है पर जीवन* *की*** *कसौटी नहीं*।* तुम चिंता नहीं करो जीवन जीने के लिए केवल रंग मायने नहीं रखता बल्कि अपने व्यक्तित्व में चार चाँद लगा कर तुम स्वयं को साबित कर सकती हो। बस फिर क्या था, मुझे जैसे एक लक्ष्य मिल गया और हमेशा रंग के बारे में सोच-सोच कर सब कुछ होते हुए भी जीना ही छोड़ चुकी थी और केवल रोना-धोना ही लगा रहता था। जिस चीज पर हमारा बस नहीं उसके बारे में सोच कर समय व्यर्थ क्यों करें? अब जब-जब मैं आईना देखती हूँ, मेरा आत्मविश्वास दुगना हो जाता है।सोचा कि आत्मनिर्भर होते हुए, किसी पर बोझ ना होकर सब के काम आ रही हूँ।अब मेरा रंग मेरे आगे नगण्य है, और मुझे स्वयं से प्यार है।

Sanoj Kumar

कठिन परिश्रम

कर्म किये जा रे साथी,

फल अपने आप आएगा।

वक़्त की पुकार हो या ना हो,

अपना समय तू ख़ुद लाएगा।

अपनी लगन और परिश्रम से,

कठिन को भी सरल बना दे।

एक राह असंभव दिखे तो,

रुक मत, तू रास्ता बदल दे।

हर पल हर घड़ी,

इस्तेमाल कर अपने दिमाग़ का।

अपने कठिन परिश्रम से,

दीप जलाओ प्रेम, विश्वास का।

जान लो मान लो,

अपने पराए का ज्ञान लो।

समय रहते अपने साथी को,

दिल और दिमाग से पहचान लो।

परिस्थितियाँ भी तेरी होगी,

निर्णय भी तुम्हारा होगा।

आज जो तेरे खिलाफ है,

वो भी एक दिन तेरे आगे झुकेगा।

Shreyansh Jain

ख़्वाब को तुझे सजाना है

चट्टानों पर चढेगा तो हर राह पर पत्थर तुझे गिराएंगे,
पर रख हौसला ख़ुद मे तू , तेरे कदम ही मंज़िल तक तुझे
पहुचाएंगे ,
हर ज़र्रे को पार कर हर कदम हौसले से तू बढ़ाना,
के वो ख़ुदा भी तेरी मेहनत देख तेरा आशियाना ज़रूर सजाएंगे।।

शुरूआत सी हुई है अभी तो , आगे बहुत कुछ तुझे सीखना है,
तेरे हाथ मे नहींहै किस्मत लिखी, तेरे हाथों किस्मत लिखना है,
इस प्रकार होना है तुझे रौशन , की उजाला अपनो तक फैल सके,
की उनकी दुख भरी सी धूप में तुझे छाँव बनते दिखना है।।

मंज़िल को खोने का डर जब दिल से तू भगाएगा,
तभी हर परेशानियों से ख़ुद को लड़ना तू सिखाएगा,
रखकर हिम्मत अपने दिल मे सबसे सामना तू करते जाना,
एक दिन ज़रूर अपने दिल के करीब, अपनी मंज़िल को तू पाएगा।।

सोच रखा है जो ख़्वाब को तूने, वो ख़्वाब को तुझे सजाना है,

उस सपने को लेकर जो अरमान है तेरे, वो अरमान पूरे कर दिखाना है,

कुछ कर दिखाना है तुझे, ज़िन्दगी की इस दौर में,

की वो ख़्वाब को पूरा होते देख, एक खुशनुमा ज़िन्दगी तुझे बिताना है।।

कुछ पलों के लिए ही सही, ये जो मेहनत तू कर दिखाएगा,

लगे रहेगा उस पर ही ओर ख़ुद को आगे बढ़ाता जाएगा,

मिट्टी तक पहुँच चुका है, बस बीज बोना बाकी है,

एक दिन खिल उठेगी कलियाँ उसकी ओर गुलाब सी ज़िन्दगी बनाएगा।।

Shrikrut Kuraware

मेरे ख़ुदा को शायद यही मंज़ूर था

बिछड़ गया वह पुष्प मजबूत लता से , जिसे ख़ुद पर बड़ा गुरूर था l

सजना होगा उसे देवशीश पर , ख़ुदा को भी शायद वही मंज़ूर था l

झोंको ने सिखाया जूझना उस नाव को ,जिसका साहिल बड़ी दूर था l

झोंको से जूझना असल नाविक के लिए , जैसे अलग ही इक सुरूर था l

न पद, न ओहदा पर सिर्फ सद्‌कर्मों के लिए ही मैं बड़ा मशहूर था l

और कुछ यूँ तराशा उस ख़ुदा ने भी, जैसे मैं वह बहुमूल्य कोहिनूर था l

क्या शुक्रिया करूँ अदा ख़ुदा का, इनायतों के लिए ही जिसकी मैं तनिक मगरूर था l

सत्मार्ग पर अडिग रखा है जिसने, पर बुराइयों से मैं भी कुछ

चश्मेबद्दूर था l

प्रताड़ना व उपहास रूपी उन तक्षणा (चोट) का दर्द, बेशक बड़ा

मधुर था l

उन तक्षणाओं के पश्चात् ही निखरना , कुदरत का भी शायद यही

दस्तूर था l

पर बुराइयों के उस तमस में अच्छाई रूपी ' तारा ज़मीन पर'

टिमटिमाने को आतुर था l

हो न हो पर हर अहित में छुपा, हित भी मेरा कुछ न कुछ तो

जरूर था l

जो मेरे ख़ुदा को भी यही मंज़ूर था l

हाँ, मेरे ख़ुदा को शायद यहीं मंज़ूर था l

Shubhi jaiswar

त्याग

त्याग दिया जिसने अपना अहंकार,

समझो हुआ उसका कल्याण।

बॉर्डर पर बैठा वो,

त्याग कर अपना घर-बार, त्याग कर अपनी सुविधा।

श्री राम चले वनवास।।

महर्षि दधीचि का वो त्याग, शरीर त्याग कर दिया था जो दान।

धाय माँ पन्ना ने दिया, अपने पुत्र का बलिदान।

एक दूजे के लिए हुए त्याग-बलिदान,

ये भारतीय इतिहास है, हाँ ये अपना इतिहास है।

दीक्षा के नाम दिया अंगूठा, वो एकलव्य था बेहद अनूठा।

एक आवाज़ पर दिया, स्वर्ण कवच व कुंडल।

बलिदानों की कहानी है, ये शूर वीरों की कहानी है।

दृढ़ संकल्प थे इनके अनोखे, ये भारत के लाल थे अनोखे।

Susmita Mundhra

प्रेरणा

ऐसा प्रभावशाली शब्द जो किसी के भी व्यक्तित्व को भली-भांति निखारने में सक्षम है। मैंने इस शब्द से जुड़े चमत्कार को देखा है। मैं एक शिक्षिका हूँ और मेरे विद्यार्थी जो कि बहुत कम अंक प्राप्त करते थे, मात्र मेरे प्रोत्साहन से उन में जो परिवर्तन आया उसे देख कर मैं स्वयं अवाक रह गई। जीरो अंक लाने वाला विद्यार्थी आज ज्यादा नहीं तो भी पास मार्क्स ले आता है। इसके अलावा भी जब कभी कोई भी किसी कार्य को करने में सक्षम ना हो और हम उन में आशा की किरण जगा दे, कुछ जोश भर दे, तो निश्चित ही वे उस कार्य को अंजाम दे पाते हैं। मैंने सर्वप्रथम इस शब्द का जादू अपने पर ही चरितार्थ होते देखा, तब से अब तक मेरा यही प्रयास रहता है कि मेरे संपर्क में आने वाले मेरे हर मित्र, विद्यार्थी सभी को मैं प्रोत्साहित कर सकूँ कुछ करने में। मेरा एक कदम उन्हें अपनी मंजिल तक पहुँचाने में सक्षम होगा। हाल ही में मैंने इतने लोगों को लाभ उठाते देखा इस एक शब्द से कि मैं बयां नहीं कर पा रही। हर

कोई इतना अधिक प्रभावित होता है प्रोत्साहन से कि वो आप का गुण-गान किए नहीं थकता। मुझे अत्यधिक प्रसन्नता का अनुभव होता है जब कोई मेरी वजह से आगे बढ़ता है। एक अच्छे शिक्षक का उनके प्रभावशाली शब्दों का उनके विद्यार्थी पर गहरा प्रभाव पड़ता है। प्रोत्साहन शब्द में नव-संचार, नव-निर्माण करने की क्षमता है।

यदि भारत के उज्जवल भविष्य की कल्पना को चरितार्थ करना है तो हम सब को यह शैली अपनानी चाहिए|फिर एक स्वर्णिम भारत का निर्माण होगा। मुझे ऐसा प्रतीत होता है कि बचपन से यदि हम प्रोत्साहन का बीज अपने बच्चों में बो दे तो कोई कार्य ऐसा नहीं जिसे वे ना कर पाए। सारे शरीर और दिमाग में जोश की तरंगें प्रभावित होने लगती है और कार्य-क्षमता आतितीव्र हो जाती है।

इतिहास गवाह है- किसी ने भी किसी बड़े कार्य को अंजाम दिया है तो उनके पीछे किसी न किसी महान व्यक्ति के अथक प्रयासों का हाथ जरूर होगा। मोरल बूस्ट करने की एक बेहतरीन कड़ी है प्रोत्साहन।

Swarmista Paul

वक़्त

कैद हैं वो एक घड़ी में
पर दुनिया को अपने इशारों से नचाता हैं
बिन झुके किसी के आगे
दुनिया को अपने क़दमों में झुकाता हैं।

कैद रहकर भी इसको आज तक न कोई बाँध सका
सब मरीज़ो की हैं बस ये एक दवा
जो चाल इसकी समझ गया
धरती पर उसने हैं राज किया।

यह वक्त हैं ही इतना बलवान
टिक ना सका इसके आगे बड़े से बड़ा धनवान
समय बीत जाने पर हर कोई ज़रूर पछताएगा
इतना अच्छा समय भला दोबारा कोई कैसे पाएगा।

वक़्त दर वक़्त समय का पहिया बदलता रहेगा
पर तुम न कभी बदलना

बारिश की बूँदे पतझड़ की रूखी तुझको ज़रूर सताएगी
पर तुम ख़ुद मे हरियाली बनाये रखना।

उजालो में तो कभी अँधेरों में
ज़िन्दगी नज़र आएगी
पर तुम सतरंगी चादर ओढ़े रखना
फूलों की कलियाँ कभी मुरझाना सिखलाएगी
तो कभी खिलना सिखलाएगी
पर तुम ख़ुद मे महकते रहना।

वक्त हमेशा एक-सा नहीं रहता
वरना ख़ुशी और गम दोनों ही हर एक कोई क्यों सहता?
आज ग़म हैं कल ख़ुशी तो दोबारा से ग़म
बिखर कर भी सिमट जाते हैं इन ग़मो में अक्सर हम।

बिखरे हैं तो सिमटेंगे भी
और सिमटे हैं तो फिर से टूटेंगे भी
यह तो विधि का एक विधान हैं
हार कर जीतने में भी अपनी अलग ही शान हैं।

इसलिए समय की कीमत को समझना अनिवार्य हैं
समय के कला का सदुपयोग करना अनिवार्य हैं।
जिसने इनको अपना लिया
उसने ज़िन्दगी के रहस्य को सुलझा लिया।

Yuvraj Haritwal

परिस्थितियाँ विपरीत और,

परिस्थितियाँ विपरीत और,
समय भी साथ नहीं।
ग़मो का सैलाब है, खुशियाँ आस-पास नहीं।

मुश्किलों भरा जीवन है,
सहारा मेरे पास नहीं।
पर मैं खुश हूँ, बिल्कुल भी हताश नहीं।

केवल तक़दीर बुरी है,
अन्य कोई बात नहीं।
एक दिन बदलेंगी, मन में विश्वास यही।

ठाट-बाट वालों से,
मदद की आस नहीं।
और कल जैसा था, वैसा मेरा आज नहीं।

ख़ुद...! को दिया सहारा मैंने
डगमगाने की अब बात नहीं।
'युवराज' बढ़ते जाओ ,अब चिंता की कोई बात नहीं।